당신만이 알게 될
러우 전쟁의
숨겨진 진실

당신만이 알게 될

러우 전쟁의 숨겨진 진실

전후 한국은 어떤 포지션을
취해야 하는가?

노현수 지음

푸틴의 검은 욕망, 우라늄.

전쟁이 우라늄 때문에 일어났다고?

우리는 지금 전환의 시대에 서 있다. 세계는 에너지와 자원을 중심으로 다시 재편되고 있으며,
이 재편의 중심에는 언제나 '누가 무엇을 확보했는가'라는 질문이 놓여 있다.

들어가며

러우 전쟁이 우라늄 때문에 일어났다고?

- 러시아가 전체 세계 우라늄 공급망의 57%를 차지하게 된다.

우라늄 때문에 일어난 게 무슨 상관인데?

- 승전이 러시아에게 외교적 이득을 가져다줄 것이다.

우리랑 상관없는 이야기 아니야?

- 우리나라도 러시아의 우라늄을 쓰고 있고, 러시아가 세계 우라늄 공급망에서 필수적인 역할을 하게 될 것이다.

러우 전쟁은 지금까지, 러시아의 제국주의적 욕망 투사나 나토의 동진 때문이라고 여겨져 왔다. 그러나 이는 표면적인 이유일 뿐 신냉전의 연장선상이자 자원주의(RIIR, Resourcism In International Relaions) 이론으로 설명되는 국제정치학적 행위이다.

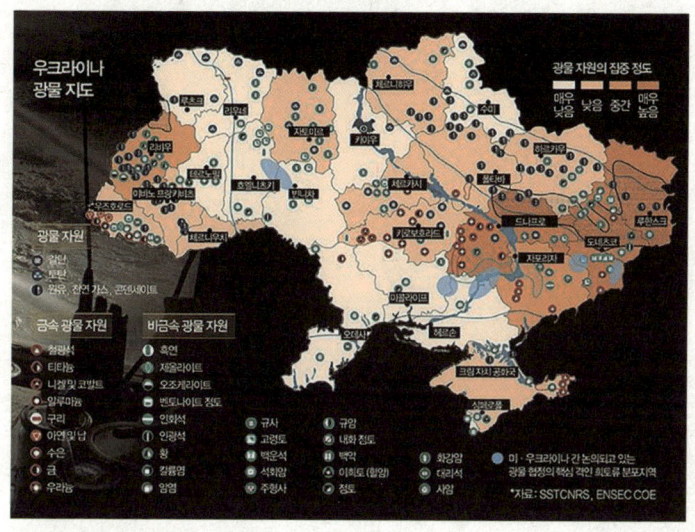

　　필자는 러시아의 서진을 설명하기 위해 '자원주의'라는 용어를 새로운 의미로 사용하고자 한다. 자원주의란 용어는 원래 환경의 목적이 인간의 필요를 충족시키는 것이며, 환경 자원은 인간이 가치를 부여하기 전까지는 가치가 없다는 주장이다. 그러나 이 책에서 '자원주의'란 국제 정치학적 자원주의를 일컬으며, 이는 외교나 전쟁의 주목적이 자원 그중에서 주로 천연자원의 획득을 위해 일어난다는 의미로 이용되는 용어이다.

그렇다면 러시아는 어째서 우크라이나를 침공했을까? 이 책에서는 주목적을 우크라이나 중부에 있는 우라늄 광산과 철광석 광산을 차지하기 위해서라고 이유를 밝힐 예정이다. 만약 러시아가 우크라이나 중부 점령에 성공하게 된다면, 기존의 러시아 우라늄 매장량 8%와 우크라이나 우라늄 매장량 2%를 합한 10%의 매장량을 획득하게 된다. 그리고 러시아는 카자흐스탄과 우즈베키스탄의 우방국이므로 네 나라를 합한다면 전 세계 매장량의 25%를 차지하고 전 세계 우라늄 생산량의 57%를 차지하게 된다. (우라늄 매장량은 2019년 기준, 우라늄 생산량은 2021년 1월 기준이다.)

이는 호주와 캐나다와 비교할 만한 수치인데, 호주의 우라늄 매장량은 28%로 세계 1위, 생산량은 13%로 세계 2위를 차지하고 있다. 서방 진영에의 우라늄 주 수출국인 캐나다는 우라늄 매장량이 10%로 3위, 생산량이 8%로 4위를 차지하고 있다. 따라서 우크라이나의 매장량 2%, 생산량 2%도 세계적인 수치로 보자면 무시를 못 할 수준이며, 중국의 매장량인 4%의 절반에 해당하는 수치인 것이다.

그리고 우크라이나의 우라늄 매장량은 약 20만 톤으로,

Uranium resources by country in 2019

	tonnes U	percentage of world
Australia	1,692,700	28%
Kazakhstan	906,800	15%
Canada	564,900	9%
Russia	486,000	8%
Namibia	448,300	7%
South Africa	320,900	5%
Brazil	276,800	5%
Niger	276,400	4%
China	248,900	4%
Mongolia	143,500	2%
Uzbekistan	132,300	2%
Ukraine	108,700	2%
Botswana	87,200	1%
Tanzania	58,200	1%
Jordan	52,500	1%
USA	47,900	1%
Other	295,800	5%
World total	6,147,800	

세계원자력협회

▎우라늄 자원 현황(2021년 1월 기준)▎

출처 : NEA

지역별 연간 우라늄 소비량 예상
단위:tU(우라늄톤), 최대 소비량 전망치 기준

지역	2020년	2025년	2030년	2035년	2040년
EU	1만 2900	1만 5600	1만 5400	1만 6700	1만 9300
북미	1만 9000	1만 7900	1만 7900	1만 8000	1만 8500
동아시아	1만 6000	2만 100	2만 7100	3만 3200	4만 1300
비EU	9200	7900	9400	1만 1200	1만 4900
중남미	600	500	800	1100	1700
중동·중앙남부아시아	2000	3200	5700	8500	9900
동남아시아	0	0	0	0	800
아프리카	3000	300	300	1400	1900
합계	6만	6만 5500	7만 6600	9만 100	10만 8300

자료: 한전 경영연구원

전 세계가 3년가량 쓸 수 있는 매장량을 자랑한다. 이는 전 유럽이 15년가량 쓸 수 있는 매장량이다.

또한 이뿐만이 아니라 철광석도 세계에서 가장 많이 매장되어 있다. 철광석은 약 300억 톤으로 세계 1위이며 전 세계 매장량의 20% 수준이다. 또한 철광석은 러시아가 이미 점령 중인 돈바스와 우크라이나 중부에 많이 매장되어 있다.

만약 우크라이나가 나토에 가입하거나 EU에 가입하여 러시아의 영향력에 벗어나게 된다면 이러한 주요 광물들과 각종 희토류 광산이 유럽의 영향력에 속하는 것이다. 따라서 러시아는 철광석과 우라늄 시장에서의 우위를 점하기 위해 우크라이나를 점령하였고, 주목표는 우크라이나 중부까지 차지하는 것이다.

　이미 러시아는 석유와 천연가스로 유럽의 정치 판도를 좌지우지한 경력이 있으며, 원전과 희토류 시대에 있어서도 외부에 정치력을 투사하기 위해 우크라이나를 점령한 것임이 틀림없다.

　더구나 캐나다의 싱크탱크 세크데브는 2022년 러우 전쟁 사태로 접근하기 어려워진 지역의 광물 매장량 가치를 약 12조 4,000억 달러(약 1경 8,000조 원)로 추산했다. 그렇다면 푸틴이 자원 차지만을 위해 전쟁을 했을까? 그렇진 않을 것이다. 민족주의적인 측면도 분명히 존재한다. 다만 초기 전쟁의 주원인 중 하나는 천연자원 때문이라는 것이 필자의 주장이며, 전쟁을 패배할 시 대내외적으로 푸틴과 러시아의 입지가 줄어들기 때문에 계속 전쟁을 수행하는 것이다.

　나아가 이 책이 유명해지면 휴전 선언이 발표될 수도 있다는 주장을 하고 싶다. 만약 우크라이나가 방어진 지선을 유지한 채로 중부의 천연자원을 모두 수출하는 데 성공한다면, 러시아 입장에서는 더 이상 침략할 이유가 없다. 그리고 최근에 미국은 우크라이나와의 천연자원 협정에 서명했다. 이 협정에서는 광물 탐사를 위한 우크라이나-미국 합동 투자 기금을 설립하고 수익을 어떻게 분배할 것인지에 대한 내용도 담겼다.

또한 침략할 이유가 민족주의적인 이유 때문이라고 하더라도 이 책이 휴전의 명분을 만들어 줄 것이다. 러시아인이 많이 거주하는 지역은 어느 정도 점령에 성공했고, 완충지대 형성에도 성공했기 때문이다. 그리고 사실 천연자원 때문에 침공했다는 사실이 학문적으로 제기된 상태에서 우크라이나 광물 수출이 상당량 이뤄진다면, 남은 광물이 별로 없다는 이유를 들어 러시아가 전쟁을 그만둘 수도 있다. 이러한 점에서 나는 전쟁으로 고통받은 양 국민을 위해서라도 이 책이 유명해지면 좋겠다. (또한 러시아 중부 지역에 휴전선을 설치하고 광물개발금지 제한을 건다는 핑계로 휴전을 할 수도 있다.)

목차

들어가며

1. 기본 배경 · 15
– 러시아와 우크라이나 관계

2. 전쟁의 진짜 목적 · 27
– 우크라이나 병합 시 변화될 전 세계 우라늄 공급망

3. 자원주의 이론 · 37
– 현재에 이르러서는 천연자원이 전쟁의 주목적이다

4. 신냉전과 한국 · 47

5. 이재명의 신재생에너지 · 53

6. 러우 관계 세부 설명 · 59

7. 전쟁의 실제 목표 세부 설명 · 69

8. 우크라이나의 자원 · 81

9. 자원주의 이론 세부 설명 · 93

10. 신냉전 세부 설명 · 101

11. 경제 블록 세부 설명 · 109

12. 한국의 포지션 · 119

13. 러시아와 한국 · 127

책을 마치며

1. 기본 배경

러시아와
우크라이나 관계

먼저 기존의 학자들은 러시아의 우크라이나 침공이 단순한 군사적 사건이 아니라고 해석해 왔다. 특히 러우 전쟁을 21세기 국제 정치 질서의 근본적인 중대 사건이며, 유럽 안보 체제와 신냉전 구도의 심화로 해석했다.

왜냐하면 러시아와 우크라이나는 '키예프 루스'라는 고대 국가에서 함께 시작한 역사를 공유하고 있다. 지금의 러시아, 우크라이나, 벨라루스 모두 이 고대 국가를 기원으로 삼고 있다. 이후 모스크바가 부상하면서 러시아 제국이 형성되었고, 나중에는 소련이라는 정치 체제 안에서 두 나라는 하나의 국가처럼 존재했다.

소련 시절, 두 나라는 언어, 문화, 경제 구조에 이르기까지 깊이 연결되어 있었다. 1991년 소련이 해체되면서 우크라이나는 독립을 선언하였으나, 정치적 주권과는 달리 경제적, 군사적으로는 여전히 러시아의 영향권에 있었다.

또한 러시아는 우크라이나를 단순한 주변국이 아니라, 자신들의 역사와 문화, 정체성의 일부로 인식해 왔다. 따라서 우크라이나가 서방으로 기우는 경향은 러시아에게 있어 외교적 불편함을 넘어서 존재론적 위협으로 작용했다.

https://www.jsd.or.kr/b/jsd708/25674

냉전이 끝난 후, 미국과 유럽은 구소련권 국가들의 서방 통합을 추진하였다. 1999년에는 폴란드, 헝가리, 체코가 나토에 가입하였고, 2004년에는 발트 3국과 루마니아, 불가리아가 뒤를 이었다. 이 같은 나토의 동진은 러시아에게 전략적 포위망처럼 느껴졌다.

그러다가 2008년 나토 정상회담에서 조지아와 우크라이나의 가입 가능성이 언급되면서, 러시아의 경계심은 극에 달했다. 전통적 국제 정치 이론인 현실주의 시각에서 보면, 국가는 생존과 안보를 최우선으로 생각한다. 나토의 확장은 러시아의 전략적 완충 지대를 줄이는 결과를 낳았고, 이는 안보 딜레마를 초래하게 되었다. 서방 세계가 자신의 안보를 지키려는 조치가 오히려 상대국에게 위협으로 받아들여지는 악순환이 벌어진 것이다.

왜냐하면 우크라이나는 러시아와 유럽 사이에 위치한 전략적 회랑이기 때문이다. 또한 흑해라는 중요한 바다를 끼고 있다. 만약 우크라이나가 서방 진영에 완전히 편입된다면, 러시아는 흑해와 지중해로 향하는 해상 출구를 잃게 되고, 유럽과 연결된 방어선이 붕괴된다.

러시아는 이 지역을 통해 유럽으로 영향력을 투사해 왔다. 따라서 우크라이나를 잃는다는 것은 단순한 국경 문제를 넘어, 권력과 세력 균형의 문제로 이어진다. 이는 러시아의 안보뿐만 아니라, 유라시아 대륙 내에서의 존재감을 유지하려는 대전략 차원의 위협으로 인식된다.

푸틴 대통령은 이러한 배경 속에 러시아의 역사와 정체성을 중시하며, '러시아 세계(Russkiy Mir)'라는 개념을 통해 러시아, 우크라이나, 벨라루스를 하나의 문화권으로 간주하고자 하고 있다. 그는 우크라이나가 서방화되는 것을 문명적 연속성의 붕괴로 인식하며, 이를 막기 위한 정치·군사적 조치를 정당화해 왔다.

2021년 푸틴은 "러시아인과 우크라이나인의 역사적 일체성에 관하여"라는 에세이를 발표하며, 우크라이나는 독립 국가가 아니라 역사적으로 러시아의 일부였다고 주장했다. 그는 서방이 우크라이나를 러시아 약화를 위한 도구로 이용하고 있다고 보며, 이로 인해 정체성의 충돌은 외교를 넘어서 군사적 충돌로 이어지게 되었다.

그러나 이는 표면적인 이유일 뿐, 실제로는 우크라이나에 친서방 세력이 들어설 때부터 러시아는 우크라이나 합병을 계획했을 계획이 크다. 왜냐하면 러시아 정보부는 우크라이나의 자원 분포 현황과 규모를 이미 모두 알고 있기 때문이다. 이러한 시각에서 바라본다면 러시아가 왜 그토록 빨리 전쟁을 수행하려 했는지 알 수 있다.

물론 서방 국가들의 제재를 피하기 위해 비밀리에 준비하다 보니 전쟁 수행에 어려움을 겪었던 것이다. 다만 러시아의 목표가 처음부터 우크라이나의 완전한 합병이 아니라 우크라이나 동부 지역을 병합하는 게 목표라면 어째서 그토록 키이우를 빨리 수복하려고 했는지 정답이 나온다.

바로 러시아의 진짜 목표는 자원이 풍부하게 매장된 우크라이나 중부 지역을 협상을 통해 얻어내려는 것이기 때문이다.

사실 러시아가 수행할 수 있는 가장 최선의 선택은 우크라이나 동부 지역에 괴뢰 정권을 세워 완충 지대를 만드는 것이었다. 왜냐하면 사진에서 볼 수 있듯이 러시아와 국경을 인접한 우크라이나 동부 지역에서는 러시아계 주민 비중이 높기 때문에 친러시아 지역에 정치력을 투사해 우

크라이나를 분리시켜 버리면 나토의 동진을 막을 수 있기 때문이다.

또한 푸틴이 처음부터 우크라이나를 완전히 병합하는 게 목표였다면 벨라루스와 폴란드, 우크라이나 접경선 측면과 오데사 항구를 점령하여 보급선을 끊었어야 한다. 다음 장에서는 그렇다면 우크라이나 중부 지역에 어떤 핵심 지역이 있길래 푸틴이 그토록 병합을 원했는지 살펴보겠다.

2. 전쟁의 진짜 목적

우크라이나 병합 시 변화될 전 세계 우라늄 공급망

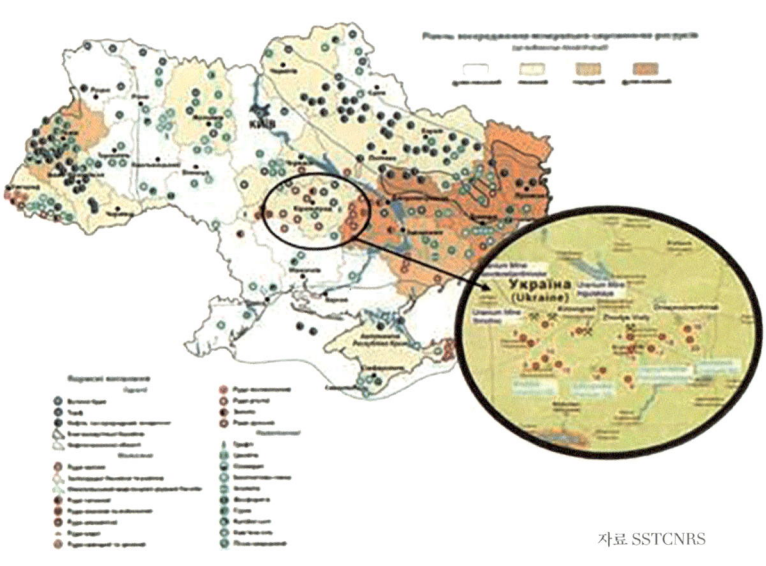

자료 SSTCNRS

우크라이나에서 가장 큰 노보코스티안치니프(Novo-kostiantyniv) 광산은 유럽에서 가장 크며 세계 10위권 안에 든다. 그리고 그림에서 동그라미가 쳐진 부분이 바로 우라늄 광산들이 존재하는 곳인 키로보그라드(Kirovograd)주이다. 우크라이나는 리튬 매장량 또한 유럽의 3분의 1에 달하는데, 리튬 매장지인 폴로키브스크(Polokhivske) 역시 키로보그라드주에 있다. 또한 프라아조프스키(Pryazovsky)의 철광석 매장량은 30억 톤에 달하고 러시아가 이미 점령한 도네츠크주에 존재한다.

이러한 우크라이나 중부와 동부를 병합한다면 러시아는 유럽 지역의 우라늄, 철광석, 희토류 자원들을 장악하게 되는 것이며, 이는 러시아에게 있어서 제2의 천연가스로 기능할 것이다.

이 중에서 특히 우라늄이 중요한데, AI로 인한 전기 사용량 급증 때문에 전 세계 전기 수요량이 늘어나고 있으며 원전 역시 새롭게 지어지고 있기 때문이다.

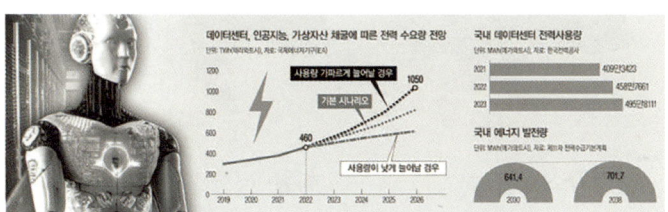

https://www.khan.co.kr/article/202406240600025

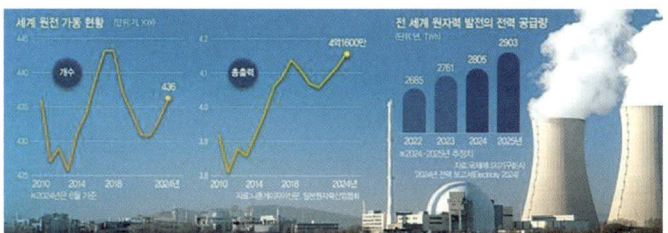

https://m.news.nate.com/view/20240822n32458

또한 우라늄 가격 역시 상승하고 있는데, 우라늄값은 1년 새 70%, 2024년 1월 기준 3년 새 4배 급등했다. 러시아는 앞으로 우라늄을 이용해 외교적 문제들을 해결할 것이다.

우라늄 가격 추이 (단위: lb당 달러)

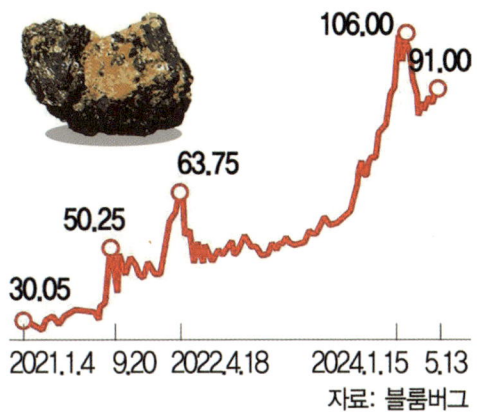

https://www.sedaily.com/NewsView/2D9912A7RE

그 증거는 다음과 같다. 독일은 메르켈 집권 시절 탈원전을 결정한 후 값싼 러시아산 가스와 석유에 의존하여 경제 성장을 이뤄냈다. 그러나 러우 전쟁이 시작되고 러시아 에너지를 수입하지 못하게 되자 2023년부터 계속 역성장을 기록하고 있다.

프랑스의 경우도 있다. 프랑스의 경우 예전 식민지였던 니제르에서 우라늄을 주로 수입하는데, 니제르의 경우

2023년에 러시아의 바그너 그룹이 반프랑스 성향의 반군을 지원하여 쿠데타를 일으키고 친러 정부를 수립하였다. 그리고 2022년에 프랑스로 수입된 천연 우라늄의 거의 절반이 카자흐스탄과 우즈베키스탄에서 왔다고 그린피스가 밝혔다. 따라서 원전에 의존도가 높은 프랑스는 현재 러우 전쟁에서 우크라이나를 소극적으로 지원하고 있다.

반면에 영국과 독일은 우크라이나에 추가 군사 지원을 하는 등 적극적으로 러시아에 대항하고 있는데, 독일은 미국에서 LNG를 수입 받고 있고, 영국은 캐나다산 우라늄을 주로 쓰기 때문이다.

다음 장에서는 이러한 세계 강대국들의 자원 외교를 자원주의라는 이름으로 설명해 보겠다.

3. 자원주의 이론

러우 전쟁에 대한 현실주의적 관점은, 국제 관계는 무정부 상태이며 각 국가는 자신의 생존과 이익을 위해 노력한다는 것이다. 물론 공격적 현실주의적으로 러시아는 자국의 안보를 지키기 위해 불가피하게 우크라이나를 침공했다고도 볼 수 있다. 그러나 필자는 나아가 자원주의(RIIR, Resourcism In International Relaions)라는 이론으로 설명하고자 한다.

자원주의란 용어는 원래 환경의 목적이 인간의 필요를 충족시키는 것이며, 환경 자원은 인간이 가치를 부여하기 전까지는 가치가 없다는 주장이다. 그러나 필자가 말하는 '자원주의'란 국제 정치학적 자원주의를 일컬으며, 이는 외교나 전쟁의 주목적이 자원 그중에서 주로 천연자원의 획득을 위해 일어난다는 의미로 이용되는 용어이다. 또한 자원 보유 국가들은 외교적 행위를 자원을 통해서 실현한다.

여기서 말하는 자원(Resource)은 경제학에서의 자본과 동일한 측면이 강하며, 노동력과 생산력 같은 '특정 행위를 하기 위해 필요한 재화'도 일컫는다. 또한 반도체 같은 상품 역시 자원이 될 수 있다. 왜냐하면 예를 들어 반도체는 중국의 기술굴기라는 목적을 위해 필요한 재화이기 때문이다. 나아가 천연자원들과 희토류 역시 자원에 포함된다.

자원주의적 관점에서 보자면 제2차 세계 대전 당시 나치 독일은 본국의 생산력 증대를 위해 인근 국가들을 침공하여 노동력과 같은 자원을 획득하였으며, 석유를 위해 소련 남부를 침공하였다. 나아가 일본은 미국의 석유 금지 조치에 반발하여 동남아시아를 침공하였으며, 원활한 석유 유통을 위해 제해권을 확보하고자 미국을 침공하였다. 21세기의 미국 역시 석유 때문에 이라크를 침공하였으며, 자원주의적 관점에서 보자면 2022년의 러시아 역시 우라늄을 위시한 천연자연을 위해 우크라이나를 침공한 것이다.

그렇다면 근대 이후로 대부분의 큰 전쟁은 자원의 획득을 위해 이루어졌다고 말할 수 있고, 특히 생산력인 '전기'라는 하부 구조 자원을 위해 상부 구조 자원인 '석유'와 '우라늄'을 획득하고자 전쟁이 일어난 것이다.

또한 민족주의는 자원주의적 침략을 정당화하기 위해 사용되기도 한다. 나치 독일은 노동력과 토지 수탈을 위해 레벤스라움 정책을 내세웠으며, 일본은 석유를 위해 대동아공영권, 미국 역시 석유를 위해 테러와의 전쟁을 선포했다. 러시아는 우크라이나가 한 민족이라는 것을 내세웠고 중국은 반도체를 위해 양안 통일을 내세우고 있다.

현재에 이르러서는
천연자원이 전쟁의 주목적이다

다음으로는 이러한 자원주의적 관점이 초래한 신냉전과 경제 블록 형성에 대해서 다뤄보고자 한다. 먼저 신냉전을 처음 유발한 국가는 중국이다. 물론 미국이 값싼 노동력을 이용하기 위해 중국을 의도적으로 성장시킨 측면이 있다. 하지만 중국도 일대일로를 통해 에너지 운송을 통합시키고자 실크로드와 진주목걸이 국가들에 정치력을 투사하면서 신냉전 구도가 만들어졌으며, 이에 러시아가 우크라이나 침공을 강행하며 러시아와 중국의 연합이 형성되게 되었다.

원래 러시아가 단시간에 우크라이나 침공에 성공했다면 중국도 반도체라는 자원을 획득하기 위해 대만을 침공하였을 것이다. 그러나 러우 전쟁이 길어짐에 따라 중국은 대만을 사실상 절반가량 포기하게 되었다. 이에 따라 시진핑의 장기 집권에 금이 가기 시작했다. 왜냐하면 반전론을 펼치는 상하이방 세력들이 다시 권력을 획득하기 시작했기 때문이다. 중국은 원래 연도별 계획을 통해 세계 1위 강대국이 되고자 하였고, 이를 위해 도양광회(韜光養晦)를 모토로 삼았다. 그러나 세계 1위가 되기 위해서는 석유의 안정적인 공급이 1순위였고 이를 위해 민족주의의 시진핑을 주석에 앉혀 일대일로 프로젝트를 건설하고자 한 것이다.

그러나 러우 전쟁이 장기화되며 시진핑은 내부의 정치력을 대만으로 투사하지 못하였고, '반도체'라는, 대국굴기를 위한 자원 역시 획득하지 못하였다. 따라서 시진핑의 권력 구조에 금이 가기 시작하고 있다.

하지만 레드팀(구 공산권 국가들과 이란)의 경제 블록화 현상은 심화되고 있으며 이 증거로 위안화와 루블화의 동조화 현상을 꼽을 수 있겠다. 1 위안화는 대략 11 러시아 루블로 최근 5년간 평균치를 수렴하고 있다. 또한 위안화 결제 비중이 높아지며 위안화를 중심으로 러시아와 북한 그리고 이란이 경제 블록을 형성하고 있다.

따라서 러우 전쟁이 길어질수록 러시아의 화폐가 북한에 더 많이 돌게 되므로 위안화와 루블화가 북한의 주요 통화가 되고, 러시아의 대북 지원이 증가하게 되므로 북한의 경제 개혁과 개방이 이뤄질 수 있다. 이를 증거로 러시아는 북한의 '무기공장화'를 가동하고 있는데, 이는 전쟁이 최소 3년 이상 더 이뤄질 것을 바라보고 있기 때문이다. 무기공장화라는 말은 러시아가 북한의 낡은 무기들을 공급받고 새로운 무기를 주문한다는 의미인데, 이는 전쟁 장기화를 포석에 둔 것이다.

전쟁이 길어지고 레드팀의 서방 국가와의 대립이 길어질수록 북한의 경제가 활성화된다면 역설적으로 연방제의 통일론이 다시 등장할 가능성이 크다. 왜냐하면 베트남의 경제 수준을 갖춘 나라가 한국 위에 존재하면서, 한국의 공장을 북한에 짓는다면 서로 이득이 되기 때문이다.

4. 신냉전과 한국

앞서 언급한 신냉전의 관점에서 바라본다면, 한국은 블루팀(서방 국가와 일본)의 경제에 편입이 된 상태로 정치적으로는 중립의 위치를 유지해야 한다. 왜냐하면 제3차 세계대전이 난다면 한국에서 이뤄질 가능성이 존재하기 때문이고, 그 이유는 레드팀과 미군이 직접 맞닿아 있기 때문이다. 북한의 경제가 활성화되고 러시아의 지원으로 인한 군사적 발전이 이뤄질수록 한국에 대한 군사적 도발이 강해질 것이기 때문에, 러시아와 중국과 상호 보완적인 관계를 유지하며 정치력을 투사하여 한반도 평화를 이뤄내야 한다.

더불어 일본과의 군사 협정을 통해 일본은 해군을 위주로 증강시키고 한국은 육군을 위주로 증강시켜 마치 한 나라가 된 것처럼 움직여야 북한의 군사적 도발을 제압할 수 있다. 나아가 호주와 일본과 FTA를 맺어야 한다. 호주는 우라늄과 각종 희토류 자원이 풍부하여 자원 외교에 도움이 되고, 일본과는 과학 기술과 금융적인 측면에서 도움이 될 것이다. 일본은 기초 과학이 발전되어 기초 소재 면에서 우리에게 도움을 줄 것이고 우리는 일본에게 반도체와 AI라는 자원을 제공해 줄 수 있다. 나아가 양국의 과학자들이 연구 결과를 공유하고 코더들이 자유롭게 왕래할 수 있도록 해야 한다. 그리고 이러한 과학 발전에 힘입어 나중에는 원화와 엔화를 통합한다면 2억에 해당하는 인구수가 통합된 시장이 나온다. 레드팀의 경제 블록과 블루팀의 달러 기축 통화에 대항하는 제3의 경제 블록이 형성되는 것이다. 그렇다면 우리나라도 제2의 기축 통화국이 될 수 있다.

김대중 대통령과 노무현 대통령은 일찍부터 일본의 중요성을 깨달아 일본 문화를 들여오고 한일 교류를 촉진시켰다. 또한 김대중 대통령은 인터넷과 반도체를 육성하여 미래 먹거리를 만들고 노무현 대통령은 한미 FTA를 통해 선진국의 기반을 형성하였다. 이재명 대통령은 나아가 호주와 일본과의 교류를 통해 새로운 나라를 만들어 낼 것이다.

그러나 러시아와의 협력도 계속해 나가야 한다. 우리나라는 러시아로부터 상당량의 우라늄과 천연가스 그리고 석유를 수입하고 있으며, 반도체 공정에 필요한 헬륨 역시 수입이 가능하다. 또한 북극항로는 현재 경제적으로 이미 가능한 항로이며, 러시아와의 협력이 필수적이다. 중간 항구 도시들이 러시아에 위치해 있으며, 러시아의 원자력 쇄빙선이 필요하기 때문이다.

해양수산부의 부산 이전에 힘입어 북극항로가 신설된다면 우리나라에 막대한 이익이 쏟아질 것이고, 부울경 메가시티 역시 부활할 것이다.

5. 이재명의
신재생에너지

글을 마치며 몇 가지 통찰을 공유하고자 한다. 먼저 첫 번째 통찰은 신재생에너지 비중을 확대해야 한다는 것이다. 에너지 믹스를 통해 에너지 안보를 구축해야 한다. 러시아의 석유와 천연가스, 그리고 우라늄에 의존해서만은 안 된다. 우라늄도 한정된 천연자원이다. 앞으로 100년 후면 고갈할 가능성이 크다. 미래를 위해서 지금부터 신재생에너지 연구를 계속해 나가야 한다. 그리고 이것은 만약의 일인데, 독일이 우크라이나를 도와 우크라이나의 승리를 이뤄내고 원전을 짓는다면, 러시아의 천연자원으로부터 어느 정도 에너지 안보를 이뤄낼 수 있을 것이다.

두 번째 통찰은 알루미늄이다. 미래 기술이 발전할수록 알루미늄과 희토류, 그리고 우라늄의 가치가 높아질 텐데 셋 모두 우크라이나에 많이 매장되어 있다. 미래 기술을 위해서라도 러시아는 우크라이나의 중부를 점령할 것이다.

세 번째 통찰은 휴전 선언이다. 아마 러시아에게 있어서 최선의 방안은 우크라이나의 중부인 키로보그라드주와 오데사주를 잇는 휴전선을 설치하고 광물개발금지 협정을 맺는 것일 것이다. 만약 이러한 협정이 성공한다면 러시아는 세계 에너지 시장에서의 파이를 유지한 채로 자원주의 외교를 지속해 나갈 수 있다.

6. 러우 관계 세부 설명

러시아와 우크라이나의 전쟁은 단순한 지정학적 충돌이나 영토 분쟁으로 환원될 수 없는 복합적 사건이다. 이 두 나라는 동슬라브 문명의 공동 기원을 공유하면서도, 오랜 세월 동안 각기 다른 정치적, 종교적, 문화적 길을 걸어왔다. 이 책은 양국이 겪어온 길고도 복잡한 분기점을 되짚으며, 그 기저에 놓인 자원의 지리와 권력의 역학을 인문학적 관점에서 성찰하고자 한다. 전쟁은 언제나 과거의 유령이 현재에 발현되는 방식이며, 이 책은 그러한 '지층'을 파고드는 시도이다.

러시아와 우크라이나는 중세 키예프 루스를 기원으로 한다. 이 고대 국가는 동슬라브어를 사용하는 공동체로서 동방 정교회를 중심으로 한 문화적 일체감을 형성했다. 그러나 몽골 제국의 침입은 이 통합된 구조를 산산이 부수며 루스 세계를 분열시켰다. 북동부의 블라디미르-수즈달 공국은 오늘날 러시아의 원형이 되었고, 남서부의 갈리치아-볼히니아는 우크라이나의 선조로 이어졌다. 이때부터 두 문명의 궤도는 어긋나기 시작한다. 전자는 몽골의 후원을 받으며 중앙집권적 권위를 강화했고, 후자는 서유럽 가톨릭과의 접촉을 통해 보다 다양하고 복합적인 문화 양상을 띠었다.

17세기 중반, 카자크 지도자 보흐단 흐멜니츠키는 폴란드-리투아니아 연방의 억압으로부터 벗어나기 위해 러시아에 협력을 요청했다. 이것은 한편으로는 보호를 받는 결정이었지만, 다른 한편으로는 새로운 종속을 의미했다. 러시아는 우크라이나에 농노제를 이식했고, 자율적인 카자크 문화는 점차 해체되어 갔다. 특히 표트르 1세의 대대적인 근대화 정책은 우크라이나를 제국의 노동력 공급지로 전락시켰다. 많은 카자크들이 라도가 운하 등 제국 건설 사업에

동원되어 목숨을 잃었다. 그러나 아이러니하게도, 우크라이나는 동시에 러시아 정교회의 개혁과 문화적 진화에 중요한 역할을 하며, 종교적-문화적 측면에서는 영향력을 행사했다.

19세기 제국 말기에 접어들며 우크라이나인들은 민족 정체성을 자각하기 시작했다. 오스트리아-헝가리 제국의 갈리치아 지역은 검열이 느슨했고, 지식인들이 집결하여 우크라이나어 신문과 문학이 등장했다. 반면 러시아 제국은 우크라이나어 사용을 법으로 금지하며 '소러시아(말로로씨야)'라는 용어를 고수했다. 이는 언어를 통한 통합이 아닌 동화를 강요한 것이며, 그 결과 민족주의 운동은 더욱 격화되었다. '우크라이나인'이라는 명칭이 공식적으로 사용되기 시작한 것도 이 시기이다. 언어는 단지 소통 수단이 아닌, 존재의 선언이었다.

볼셰비키는 민족 자결을 명분으로 우크라이나 소비에트 사회주의 공화국을 세웠다. 표면적으로는 자치와 문화의 부활을 허용했지만, 실상은 공산당의 중앙집권을 위한 구조적 장치였다. 1932~1933년의 홀로도모르(대기근)는 곡물 징

발 정책의 실패와 정치적 무관심이 초래한 비극이었다. 수백만이 굶어 죽은 이 사건은 이후 우크라이나 민족 기억 속에서 러시아 제국주의의 연장으로 각인되었다. 1954년, 흐루쇼프는 크림반도를 우크라이나에 편입시켰지만, 이는 정치적 유화책이었고 장기적으로는 새로운 분쟁의 씨앗이 되었다.

    1991년 소련 해체 이후 우크라이나는 독립국으로 자리매김했다. 그러나 그 독립은 온전한 분리가 아니었다. 러시아는 우크라이나를 문화적, 역사적, 지정학적 범주 내의 일부로 간주했다. 오렌지 혁명과 유로마이단은 친서방 노선의 강화이자 러시아로부터의 자립 선언이었다. 이에 대한 러시아의 대응은 크림반도 병합과 동부 돈바스 지역에 대한 무력 개입이었다. 전통적 국제 정치 이론에서 국가는 생존과 안보를 최우선 가치로 삼는다. 이러한 현실주의 시각에서 볼 때, 나토의 동진은 러시아의 전략적 완충 지대를 위협하며 안보 딜레마를 초래했다. 서방의 안보 강화 조치가 오히려 러시아에게는 위협으로 인식되며 상호 불신의 악순환이 이어진 것이다.

우크라이나는 지정학적으로도 전략적 회랑이며, 흑해와 지중해로 향하는 해상 관문의 역할을 한다. 이 지역이 서방 진영으로 완전히 편입될 경우 러시아는 남부 방어선을 상실하며, 유럽과의 영향력 투사 통로도 차단된다. 이는 단순한 국경선의 상실을 넘어, 유라시아 대륙 내에서 러시아가 주도권을 유지할 수 있을지에 대한 존재론적 위협으로 받아들여진다.

푸틴 대통령은 이를 방어하기 위해 '러시아 세계(Russkiy Mir)' 개념을 강조해 왔다. 그는 러시아, 우크라이나, 벨라루스를 동일한 문화적·역사적 공동체로 간주하며, 우크라이나의 서방화는 문명적 연속성의 붕괴라고 본다. 2021년 푸틴은 "러시아인과 우크라이나인의 역사적 일체성에 관하여"라는 에세이를 발표해, 우크라이나는 역사적으로 러시아의 일부이며, 오늘날의 서방 경도는 외부 세력에 의해 유도된 일탈로 해석하였다. 그는 우크라이나를 독립된 민족 국가로 보지 않으며, 서방이 이를 통해 러시아의 영향력을 약화시키고 있다고 주장했다. 이러한 인식은 외교적 갈등을 넘어, 군사적 충돌을 정당화하는 서사로 기능하고 있다.

　우크라이나는 단지 한 국가가 아니다. 그것은 유럽과 아시아를 잇는 전략적 회랑이자, 동슬라브 문명의 심장부이며, 에너지·식량·광물 자원의 중핵이다. 이 때문에 우크라이나를 두고 벌어지는 싸움은 단지 지정학이 아니라 문명사적 갈등의 한 단면이다. 자원주의적 시각에서 보자면, 러시아의 우크라이나 침공은 곧 에너지 패권을 둘러싼 전면적 행위이며, 서방은 이에 대응하여 우크라이나를 통해 러시아의 지정학적 영향력을 봉쇄하고자 한다. 이 회랑의 운명은 결국, 동서 문명 사이의 균형추를 결정지을 것이다.

7. 전쟁의 실제 목표 세부 설명

그리고 실제로는 우크라이나에 친서방 세력이 정권을 잡기 시작한 시점부터 러시아는 이미 우크라이나 개입 혹은 합병을 계획했을 가능성이 크다. 왜냐하면 러시아 정보기관은 오랜 시간 동안 우크라이나의 전략자원 현황—특히 중부와 동부 지역의 석유, 천연가스, 석탄, 철광석, 우라늄 매장지—을 정밀하게 파악해 왔기 때문이다. 전쟁은 감정이 아닌 수치와 계산 위에 서 있다. 2022년 러시아가 불완전한 전력 상태에서도 전격적으로 키이우를 공격한 이유는, 동부의 분리만으로는 러시아가 원하는 전략적 목표를 달성할 수 없기 때문이다.

즉, 러시아의 궁극적 목표는 우크라이나 전체를 병합하는 것이 아니라, 협상을 통해 중부 산업 지대를 확보하고, 친서방 노선을 철회하게 만드는 것이었다. 키이우는 상징적 수도일 뿐 아니라, 정치적 타협을 끌어낼 수 있는 가장 강력한 지렛대였다. 실제로 러시아는 우크라이나를 무력화시킨 후, 정치적 조건을 제시하는 '협상' 국면으로 전환하려 했으나, 예상보다 강한 우크라이나의 저항과 서방의 무기 지원으로 인해 그 전략은 수정되었다.

하지만 핵심은 변하지 않는다. 러시아가 전쟁 초기에 전격전을 시도한 이유는 전격적 승리로 우크라이나를 협상 테이블로 끌어내고, 동부뿐만 아니라 자원이 밀집한 중부까지 일정한 영향권을 확보하려 했던 데 있다. 이 전략은 자원주의적 해석 없이는 설명될 수 없다.

러시아는 단순히 국경 방어선을 확장하기 위해서가 아니라, 유라시아 패권을 위한 물적 기반을 선점하려 한 것이다. 특히 에너지와 금속 자원의 가격이 국제적으로 급등하고 있는 상황에서, 우크라이나 자원을 장악하는 것은 러시아의 전략적 생존과도 직결된다.

　이러한 배경 아래 러시아의 침공은 군사 작전이라기보다 지정학적, 자원적, 그리고 문명적 패권 다툼의 일환으로 보아야 한다. 전장은 우크라이나였지만, 그 중심에는 세계 에너지 체계와 산업 자원에 대한 접근권을 둘러싼 갈등이 존재한다. 푸틴의 결정은 감정적 충동이 아닌 체계적 계산의 결과였으며, 서방이 우크라이나를 지속적으로 나토 체계로 흡수하려는 흐름 속에서 러시아는 자국의 전략적 안보선뿐 아니라 경제적 생존 기반을 방어하려는 시도를 감행한 것이다.

　우크라이나 중부의 드니프로페트로우스크, 폴타바, 크리비리흐 지역은 세계적인 철강 산업과 관련된 자원의 집결지로서, 러시아는 이를 장악하거나 최소한 영향력을 행사함으로써 서방과의 자원 전쟁에서 우위를 점하고자 했다. 따라서 키이우 공략은 상징적 도시 점령이 아닌, 자원 확보와 협상 우위를 위한 하나의 전술적 수단이었다.

　사실 러시아가 수행할 수 있는 가장 최선의 선택은 우크라이나 동부 지역에 괴뢰 정권을 세워 완충 지대를 만드는 것이었다. 왜냐하면 아래 지도에서 확인할 수 있듯이, 러시아와 국경을 접한 우크라이나 동부 지역에서는 러시아계 주민의 비중이 높기 때문이다. 이 지역에 정치적 영향력을 집중적으로 투사하여 사실상 분리 독립을 유도한다면, 러시아는 우크라이나의 친서방화와 나토(NATO)의 동진(東進)을 효과적으로 저지할 수 있었다.

동부의 도네츠크(Donetsk)와 루한스크(Luhansk)는 그 대표적 사례이며, 2014년 크림반도 병합 이후에도 푸틴 정부는 해당 지역에서의 친러 반군 지원과 '민스크 협정'을 통해 우크라이나 정부를 정치적·군사적으로 압박해 왔다. 이른바 '노보로시야(Novorossiya)' 구상을 통해 러시아는 동남부 일대를 사실상 자신들의 전략적 완충 지대로 삼으려 했던 것이다.

그러나 만약 블라디미르 푸틴의 궁극적 목표가 우크라이나 전체의 병합이었다면, 그에 상응하는 군사 전략이 동원되었을 것이다. 예컨대 벨라루스-폴란드-우크라이나 삼각 접경지대에서 측면 포위 작전을 전개하거나, 흑해의 핵심 항만인 오데사(Odesa)를 조기에 점령하여 우크라이나의 보급선을 차단하는 방식으로 전략적 포위망을 구축했을 것이다. 하지만 이러한 조치는 전면 병합을 목표로 하지 않았음을 간접적으로 시사한다.

즉, 전쟁의 초기 단계에서 러시아는 단기적 전격전을 통해 키이우를 위협하고, 정치적 지렛대로 삼아 우크라이나의 중립화 또는 연방화를 유도하려 했다. 이 전략은 부분 점령과 협상을 통해 친서방 노선을 철회시키고, 우크라이나의 전략적 핵심 지역에 대한 영향권을 확보하는 데 목적이 있었다.

이러한 전개를 이해하기 위해선 전쟁의 표면적 명분과 그 이면의 전략적 목표를 구분할 필요가 있다. 러시아가 표면적으로 내세운 명분은 '러시아계 주민 보호'와 '나토의 위협 차단'이었다. 그러나 이러한 수사는 실제 전쟁 수행 방식과 불일치한다. 실제로 러시아는 크림반도 이후 8년 동안 동부 돈바스 지역을 계속 압박하며, 전략적 회랑을 통해 중부 자원 지대로의 진입 통로를 계획해 왔다. 이는 단순한 방어 전략이 아니라, 경제적 · 지정학적 관점에서의 세력권 재편이라는 본질적 목표의 일환이었다.

우크라이나 중부는 동부와 달리 자원의 밀도가 높고, 공업지대와 농업 생산 기반이 집중되어 있는 지역이다. 드니프로페트로우스크(Dnipro), 크리비리흐(Kryvyi Rih), 폴타바(Poltava), 체르카시(Cherkasy) 등은 풍부한 철광석, 우라늄, 석탄, 천연가스 매장지와 더불어 중공업, 석유화학, 항공우주산업이 집적된 핵심 산업 도시들이다. 이들 지역은 소련 시절부터 '공업의 심장부'로 불릴 만큼 경제적·전략적 가치가 매우 높았다.

특히 크리비리흐는 유럽 최대 규모의 철광석 매장지이며, 드니프로페트로우스크는 우크라이나의 군수 및 우주산업의 중심지로서, 러시아 입장에서 보면 군사적 자립도를 저해하고 서방과의 기술 협력을 차단해야 할 지점이었다. 이들 지역의 산업 인프라와 자원을 확보한다면, 러시아는 서방 제재하에서도 전략적 자립을 유지할 수 있는 기반을 갖출 수 있다.

이러한 상황에서 2022년 2월 24일, 러시아는 전격적으로 우크라이나 전역을 침공했다. 블라디미르 푸틴은 이를 '특수 군사 작전(Special Military Operation)'이라 칭했으며, 명분은 도네츠크와 루한스크의 독립 승인과 러시아계 주민 보호였다. 그러나 침공 방향은 단순히 동부에 국한되지 않고, 키이우를 비롯한 북부와 중부, 남부 전역을 포함하고 있었다.

러시아는 북부 전선에서 키이우에 접근해 참수 작전을 시도하고, 동부에서는 하르키우 및 루한스크-도네츠크 전선을 압박했으며, 남부에서는 헤르손과 자포리자, 그리고 흑해를 통한 오데사까지 확장하려 했다. 이 광범위한 공격은 단순한 지역 분쟁이 아니라, 우크라이나의 국가 기반을 마비시키고 전면적 재편을 유도하려는 전략의 일환이었다.

이 과정에서 주목할 점은, 러시아가 초기 전투에서 불완전한 병력과 물자, 지연된 보급에도 불구하고 키이우를 빠르게 점령하려 한 시도다. 이는 곧 전격적 승리를 통해 우크라이나를 협상 테이블로 끌어내려는 시도이며, 나아가 중부 자원 지대 확보를 위한 정치적 타협을 유도하려는 전략이었다. 다시 말해, 키이우는 단지 수도이기 때문이 아니라, 정치·경제적 항복을 끌어내는 상징적 거점이었다.

하지만 우크라이나의 강력한 저항과 젤렌스키 정부의

잔류 결단, 그리고 서방의 무기 지원으로 인해 전격전은 실패했고, 러시아는 전쟁의 장기화와 소모전을 강요당하게 되었다. 그러나 전략의 핵심은 여전히 자원에 있다. 동부와 중부의 지배 없이는 러시아는 우크라이나에 대한 지속적 영향력을 유지할 수 없으며, 이는 경제 제재하에서 자국의 전략적 생존과도 직결된다.

이렇듯 러시아의 침공은 감정이나 민족적 정체성의 문제가 아니라, 전략적 자원의 통제와 유라시아 질서의 재편이라는 거시적 구상 속에서 이해되어야 한다. 전쟁은 수치와 계산, 자원의 흐름 위에서 기획된다. 자원주의적 관점 없이는 이 전쟁의 동기를 이해할 수 없으며, 따라서 평화 또한 단순한 정치적 합의가 아닌, 자원 배분과 지정학의 재균형을 통해서만 도달 가능하다.

8. 우크라이나의 자원

2022년 러시아의 우크라이나 침공은 단순한 국경 분쟁이나 민족적 갈등을 넘는, 자원과 지정학의 결정적 충돌이었다. 많은 분석이 이 전쟁을 정치, 군사, 혹은 역사적 시각에서 바라보았지만, 본 장에서는 우크라이나 중부 및 동부 지역이 보유한 전략적 자원의 가치에 주목하며 러시아의 침공 의도를 자원주의적 관점에서 해석한다. 특히 키로보그라드(Kirovohrad)주를 중심으로 한 우라늄, 리튬, 철광석 등의 자원 매장지는 이 전쟁의 숨겨진 동기를 설명하는 열쇠로 작용한다.

키로보그라드주는 우크라이나의 지정학적 중심지일 뿐 아니라, 자원의 보고로 불릴 만큼 다양한 희귀 광물 자원을 보유하고 있다. 가장 핵심적인 자원은 우라늄이다. 노보코스티안치니프(Novokostiantyniv) 광산은 유럽 최대의 우라늄 광산이며, 전 세계적으로도 10위권 안에 드는 규모를 자랑한다. 우라늄은 핵발전의 핵심 자원이자, 핵무기 산업에서도 결정적 역할을 하기에 국제 안보와 경제 전략 모두에 영향을 미치는 자원이다.

해당 광산이 위치한 지역은 러시아가 통제권을 확장하려 했던 키로보그라드주에 포함되어 있다. 실제로 러시아군의 초기 진격 방향 중 상당수가 이 지역으로 향했던 것은 우연이 아니며, 단순한 군사적 전략이 아닌 경제적 지배권 확보의 일환이었다.

또한 같은 키로보그라드주에는 폴로키브스크(Polokhivske) 리튬 매장지가 존재한다. 리튬은 전기차 배터리, 에너지 저장 장치 등 신재생에너지 산업에서 핵심 자원으로 각광받고 있으며, 21세기형 자원 안보의 핵심으로 떠오르고 있다. 우크라이나가 유럽 전체 리튬 매장량의 3분의 1을 보유하고 있다는 점은, 러시아가 해당 지역에 군사적·정치적 압박을 가하는 이유를 설명하는 데 결정적 단서가 된다.

특히 러시아는 서방의 탈화석연료 전략에 대해 경계심을 보여왔다. 유럽이 가스 의존도를 줄이고 신재생-리튬 기반 전지 시스템으로 전환할 경우, 러시아의 에너지 무기화 전략이 무력화될 수 있다. 따라서 리튬 매장지를 확보하는 것은 향후 에너지 패권을 유지하기 위한 사전 포석이기도 하다.

러시아가 이미 점령한 도네츠크주에는 30억 톤의 매장량을 자랑하는 프라아조프스키(Pryazovsky) 철광석 광산이 존재한다. 이는 유럽 최대 수준의 철광석 매장량으로, 장기적 산업 기반의 유지와 군수 산업, 중공업 등에서 결정적 기반을 제공한다.

러시아는 해당 지역을 병합함으로써 제철소, 조선업, 군사 장비 제조 등 산업 전체의 공급망에서 우위를 확보할 수 있게 된다. 우크라이나가 보유한 철광석은 단순한 원자재가 아니라, 전략 물자로서의 기능을 수행하며 러시아 산업 경제의 회복 및 확장을 가능하게 하는 자원이다.

러시아는 천연가스를 서방에 대한 주요 지렛대로 활용해 왔다. 그러나 우크라이나의 자원, 특히 우라늄·리튬·철광석은 이와는 다른 방식의 전략 자산으로 기능할 수 있다. 천연가스가 즉각적 압박 수단이라면, 희귀 금속과 핵연료 자원은 중장기적 기술 주권과 에너지 질서를 구성하는 기반이다.

이러한 자원을 확보함으로써 러시아는 서방의 공급망을 흔들 수 있으며, 유라시아 내 자원 네트워크를 독점적으로 재편할 수 있다. 이는 단순한 군사 점령이 아니라, 자원 기반 질서의 재구성을 의미한다. 다시 말해, 러시아는 자원을 통해 새로운 국제 경제 질서를 설계하려는 것이다.

우크라이나의 자원은 단지 부존량의 문제가 아니라, 국가 생존과 국제 질서에 영향을 미치는 핵심 변수다. 러시아는 이를 일찍이 인식하였고, 2014년 크림반도 병합과 돈바스 전투 이후 8년 동안 침묵 속에 자원 확보 전략을 준비해 왔다.

2022년 전격적 침공은 그 준비의 결과이자, 서방과의 자원 전쟁에서 우위를 점하려는 시도였다. 우크라이나 중부와 동부의 자원 지대를 확보하는 것은 곧, 러시아가 유라시아 패권을 유지하기 위한 최소 조건이다. 이러한 맥락에서 본다면, 전쟁은 단순한 국경 분쟁이 아니라 자원을 둘러싼 전 지구적 구조 변화의 전초전이라 할 수 있다.

결론적으로, 자원은 전쟁의 원인이며, 그 귀결 또한 자원 통제의 향방에 따라 결정될 것이다. 우크라이나 전쟁은 자원주의적 지정학의 현실을 보여주는 사례로, 현대 국제 정치가 에너지·금속·기술의 수직적 통제와 얼마나 밀접히 연결되어 있는지를 극명하게 드러내고 있다.

앞서 언급했던 천연자원들 중 특히 우라늄이 중요한데, 이는 AI로 인한 전기 사용량 급증으로 전 세계 전기 수요량이 지속적으로 늘어나고 있기 때문이다. 인공지능의 발전은 막대한 데이터 처리와 저장 능력을 요구하며, 이는 대규모 전력 소비를 수반한다. 이러한 흐름은 결과적으로 전력의 안정적인 공급원으로서 원자력 발전의 역할을 다시 부각시키고 있으며, 전 세계적으로 원전 신설 및 재가동 논의가 활발히 진행되고 있다.

실제로 2024년 기준으로 우라늄 가격은 급등하고 있다. 최근 1년 사이에 가격이 70% 이상 상승했으며, 2024년 1월 기준으로 3년 새 무려 4배나 급등했다. 이는 단순한 투기적 상승이 아니라 구조적인 수요 증가에 기인한 것이다. 이러한 상황 속에서 러시아는 우라늄을 단순한 에너지원이 아닌, 외교적 지렛대로 활용할 가능성이 높다. 다시 말해, 천연가스를 통해 유럽을 압박하던 과거의 방식이 이제는 우라늄이라는 새로운 에너지 자원을 통해 반복될 수 있다는 것이다.

그 증거는 유럽 각국의 행보에서도 명확히 드러난다. 독일은 앙겔라 메르켈 집권 시절 탈원전을 결정하며 러시아산 값싼 가스와 석유에 의존하는 에너지 구조를 형성했다. 이로 인해 일정 기간 동안 경제 성장을 이어갈 수 있었으나, 러시아-우크라이나 전쟁 발발 이후 에너지 공급이 차단되자 2023년부터 연속적인 역성장을 기록하고 있다. 에너지 안보가 경제 성장의 필수 조건임을 역설적으로 보여주는 사례다.

프랑스의 경우도 흥미롭다. 프랑스는 전통적으로 원전

비중이 높은 국가로, 우라늄 수입을 통해 원자력 기반의 에너지 체계를 유지해 왔다. 프랑스가 주로 우라늄을 수입하던 국가는 과거 식민지였던 니제르였다. 그러나 2023년, 러시아의 민간 군사 기업인 바그너 그룹이 니제르에서 반프랑스 성향의 반군을 지원하고 쿠데타를 유도한 결과, 친러 정권이 들어섰다. 이는 프랑스의 에너지 공급망에 심각한 불확실성을 야기하였다. 더욱이 2022년 기준으로 프랑스로 수입된 천연 우라늄의 절반가량이 카자흐스탄과 우즈베키스탄에서 유입된 것으로 확인되었으며, 이들 국가는 러시아의 정치적 영향력이 강한 국가들이다.

이러한 조건 속에서 프랑스는 러시아-우크라이나 전쟁에서의 군사적 개입에 소극적인 태도를 보이고 있다. 이는 단순한 외교 정책의 문제가 아니라, 에너지 안보와 직결된 국가 전략의 결과로 해석할 수 있다. 반면에 영국과 독일은 보다 명확한 친우크라이나 노선을 유지하고 있다. 독일은 미국산 액화천연가스(LNG)를 주요 에너지원으로 확보하고 있으며, 영국은 캐나다산 우라늄에 의존하고 있기 때문에 러시아에 대한 에너지 의존도가 상대적으로 낮다. 이러한 구조는 곧 외교 및 군사 정책에도 그대로 반영되어, 두 나라는 우크라이나에 대한 군사적 지원을 확대하며 러시아에 대한 대항적 입장을 견지하고 있다.

결국 우라늄이라는 자원은 단순히 에너지 자원의 하나로 취급될 수 없다. 그것은 새로운 지정학적 권력의 원천이며, 21세기 신에너지 패권 시대의 상징이기도 하다. 러시아는 우크라이나 중부의 우라늄 광산을 확보함으로써, 그 패권의 중요한 퍼즐 조각을 손에 넣으려는 것이다.

다음 장에서는 이러한 세계 강대국들의 자원 외교를 자원주의라는 이름으로 설명해 보겠다.

9. 자원주의 이론 세부 설명

러우 전쟁에 대한 현실주의적 관점은, 국제 관계는 무정부 상태이며 각 국가는 자신의 생존과 이익을 위해 행동한다는 기본 가정에서 출발한다. 특히 공격적 현실주의(Offensive Realism)는 국가들이 자국의 안보를 보장받기 위해 세력 확대를 추구한다고 주장한다. 이러한 관점에서 러시아는 자국의 안보를 위해 불가피하게 우크라이나를 침공했다는 설명이 가능하다. 그러나 필자는 이러한 설명을 넘어, 보다 구조적이고 물질적인 설명 틀로서 '자원주의(Resourcism In International Relations, RIIR)'를 제시하고자 한다.

자원주의란 본래 환경윤리학에서 비롯된 개념으로, 인간의 목적을 위한 자원 사용을 정당화하는 입장을 의미한다. 하지만 본 논의에서의 자원주의는 국제 정치학적 맥락에서 재정의된다. 여기서의 자원주의란, 외교와 전쟁의 핵심 목적이 자원, 특히 천연자원의 확보에 있다는 주장이다. 이는 단지 자원 보유 여부에 국한되지 않고, 자원을 활용한 외교 전략, 자원을 통한 영향력 투사, 그리고 자원을 둘러싼 지정학적 충돌을 모두 포함하는 개념이다.

자원주의에서 자원(Resource)이란 개념은 단순한 천연자원에 그치지 않는다. 이는 생산력 창출에 필수적인 모든 요소를 포함한다. 예컨대 다음과 같은 범주로 나눌 수 있다.

1. 천연자원: 석유, 천연가스, 우라늄, 석탄, 철광석, 희토류 등.
2. 노동력: 생산 활동을 위한 인구 자원, 나치 독일의 강제 노동이 대표적 예시.
3. 기술 및 첨단 소재: 반도체, 배터리 소재, 리튬 등.
4. 산업 기반 시설: 항만, 송유관, 원전 등 전략적 물리 인프라.

예를 들어, 반도체는 단순한 공산품이 아닌 전략자원이다. 중국의 '중국제조 2025'와 같은 기술굴기 정책은 반도체 확보를 통해 자국의 경제 주권과 안보를 강화하려는 시도이다. 이처럼 특정 목적을 위해 불가결한 모든 재화는 자원이 될 수 있다.

1. 제2차 세계 대전과 자원의 결핍:
   - 나치 독일은 루마니아의 유전을 통해 석유를 확보하려 했으며, 소련 남부(카프카스 지역)를 침공한 이유도 석유였다.
   - 독일은 강제수용소에서 노동력을 착취하며 자원의 일환으로 활용했다.
2. 일본 제국과 동남아시아:
   - 미국이 일본에 대한 석유 금수조치를 단행하자 일본은 이에 대응하여 동남아시아(인도네시아, 말레이시아 등)를 침공해 석유와 고무, 주석 등을 확보하려 했다.
   - 진주만 공격 역시 이러한 자원 수송의 안정성을 확보하려는 전략에서 비롯되었다.
3. 미국의 이라크 침공:
   - 미국은 대량살상무기(WMD)라는 명분을 내세웠지만, 이라크의

풍부한 석유 매장량과 중동 에너지 통제권 확보가 본질적 동기였다는 해석이 지배적이다.

우크라이나는 유럽 최대의 우라늄 매장지인 노보코스티안치니프(Novokostiantyniv) 광산을 보유하고 있으며, 키로보그라드(Kirovograd)주는 유럽 리튬 매장량의 3분의 1이 집중된 지역이다. 또한 도네츠크주의 철광석 매장량은 30억 톤에 달한다. 이러한 자원들은 단순한 산업 원료를 넘어, 러시아의 외교 전략과 지정학적 패권의 핵심 동력으로 작용한다.

특히 AI 산업의 급성장으로 전기 수요가 급등하는 오늘날, 원자력 발전에 필요한 우라늄은 전략자원으로서의 위상을 새롭게 확보하고 있다. 원전이 다시 각광받는 가운데, 우라늄의 가치가 상승하고 있으며, 러시아는 이를 외교적 지렛대로 활용하고 있다.

독일은 과거 메르켈 집권 당시 탈원전을 선언하고 러시아산 가스에 의존해 왔다. 그러나 러우 전쟁 이후 러시아 에너지 수입이 차단되자 독일 경제는 침체를 맞았다. 프랑스는 니제르, 카자흐스탄, 우즈베키스탄 등에서 우라늄을 수입하고 있었으나, 니제르에선 러시아가 개입한 쿠데타로 친러 정권이 들어서며 우라늄 공급망이 위협받고 있다.

반면 영국은 캐나다에서 우라늄을 수입하고, 독일은 미국에서 LNG를 공급받으며 우크라이나에 적극적으로 군사 지원을 하고 있다. 자원의 출처가 국가의 외교 태도를 결정짓는 핵심 요소가 된 것이다.

결론적으로 자원주의는 단지 국제 정치의 배경 요소가 아니라, 전쟁과 외교의 목적 그 자체가 되는 시대가 도래했음을 보여준다. 자원주의적 분석 없이는 러우 전쟁은 물론, 향후 세계 질서의 핵심 동인을 이해할 수 없다.

10. 신냉전 세부 설명

다음으로는 이러한 자원주의적 관점이 초래한 신냉전과 경제 블록 형성에 대해 살펴보고자 한다. 이 장에서는 국제 질서 재편의 중심에서 자원이 어떤 역할을 했는지를 검토하고, 특히 중국과 러시아의 전략을 중심으로 신냉전 구도의 형성을 분석할 것이다.

신냉전을 유발한 직접적인 계기는 중국이었다. 물론 미국이 값싼 노동력과 거대한 소비 시장을 활용하기 위해 중국의 성장을 일정 부분 유도한 측면도 존재한다. 그러나 중국 역시 단순히 경제 성장에 만족하지 않았다. 중국은 자원 공급과 에너지 수송의 안정성을 확보하기 위한 대전략으로서 '일대일로' 프로젝트를 추진하였다. 이는 실크로드 경제권 및 해양 실크로드로 불리는 '진주목걸이 전략'을 통해, 에너지 수송로에 해당하는 주요 국가들에 정치적 영향력을 투사하려는 시도였다. 이는 경제 인프라 건설을 넘어선 지정학적 확장 전략이었다.

중국의 이러한 대외전략은 미국에게 새로운 지정학적 도전으로 간주되었고, 이는 자연스레 패권 경쟁이라는 형태로 심화되었다. 미·중 간의 전략적 불신은 결국 기술 패권, 무역전쟁, 그리고 반도체를 중심으로 한 자원 전쟁으로 비화되었다. 자원의 안정적 공급을 둘러싼 갈등은 새로운 냉전 구도의 단초가 되었다.

한편, 러시아는 우크라이나 침공을 통해 서방의 영향력 확장을 저지하려 하였다. 자원주의적 관점에서 보면, 러시아는 단순히 안보적 위협을 차단하려는 것이 아니라, 우크라이나 동부 및 중부의 자원을 확보함으로써 유라시아 경제 블록 내에서의 지위를 강화하고자 했다. 특히 우크라이나의 우라늄, 철광석, 리튬과 같은 전략자원은 러시아에게

제2의 천연가스로 기능할 수 있는 중요한 자산이었다.

러시아와 중국의 이해관계는 이 지점에서 교차한다. 만약 러시아가 단기간 내에 우크라이나를 장악했다면, 중국은 이를 신호탄 삼아 대만 침공을 감행했을 가능성이 높다. 대만은 반도체라는 21세기 핵심 자원의 생산 중심지이며, 중국의 '대국굴기' 전략에서 기술 주권 확보는 핵심 과제였다. 하지만 러시아의 전쟁이 장기화됨에 따라 중국은 대만 침공이라는 고위험 전략을 보류하게 되었다.

이러한 상황은 시진핑 체제의 내부 균열로 이어졌다. 원래 시진핑은 민족주의적 노선을 강화하며, 장기 집권을 정당화하고 일대일로를 통해 세계적 영향력을 강화하려 했다. 그러나 러우 전쟁의 교훈은 중국 내부에서도 반시진핑, 반전(反戰) 여론을 부추겼고, 상하이방을 중심으로 한 엘리트 세력들이 다시금 정치적 입지를 넓혀가기 시작했다.

중국은 원래 연도별 5개년 계획을 통해 2049년까지 세계 1위 패권 국가가 되는 것을 목표로 했다. 이 목표를 달성하기 위해 필요한 자원 중 핵심은 석유와 반도체였다. 시진핑 체제는 석유의 안정적 확보를 위해 중동, 중앙아시아, 아프리카에 일대일로 프로젝트를 추진하였으며, 반도체 확보를 위해 대만에 대한 군사적·경제적 압박을 강화해 왔다. 하지만 우크라이나 전쟁의 불확실성과 서방의 강한 제재로 인해 이 전략은 수정이 불가피해졌다.

결론적으로, 자원주의적 관점에서 보면 신냉전은 자원의 확보와 수송을 둘러싼 갈등의 산물이다. 중국과 러시아는 각각 자원의 소비국과 공급국으로서, 자신들의 국가 목표 달성을 위해 국제 질서를 재편하고자 했다. 그러나 현실은 복잡하며, 전쟁의 장기화는 전략적 수정과 내부 권력 구조의 재편으로 이어지고 있다. 이처럼 21세기 국제 질서는 단순한 이념 대결이 아니라, 자원과 기술을 둘러싼 실질적 경쟁의 장이 되고 있다.

11. 경제 블록 세부 설명

우크라이나 전쟁의 장기화는 국제 정치 경제 질서에 중대한 지각변동을 일으켰다. 특히 구 소련권과 중국, 이란, 북한 등 이른바 '레드팀(Red Team)' 국가들 간의 협력 심화는 단순한 군사적 제휴를 넘어 경제적 통합의 양상을 띠고 있다. 그 중심에는 위안화와 루블화의 화폐 연동이 존재한다. 최근 5년간 1 위안화는 평균적으로 약 11 러시아 루블의 가치를 유지하며, 두 통화 간의 안정적인 환율 동조화를 보여주고 있다. 이는 통화 정책 및 결제 시스템을 공유하려는 전략적 움직임으로 해석된다.

또한 국제 결제 시스템에서 위안화의 비중이 상승하고 있으며, 러시아, 이란, 북한 등은 달러나 유로 결제를 피하기 위해 위안화를 적극 활용하고 있다. 특히 러시아는 국제은행간통신협회(SWIFT)에서 배제된 이후, 중국의 CIPS(위안화 국제 결제 시스템)에 대한 의존도를 높이고 있으며, 이로 인해 위안화는 러시아 내에서 사실상의 기축 통화처럼 기능하고 있다. 이는 곧 북한에도 영향을 미치고 있다.

러시아는 우크라이나 전쟁 장기화를 예견하며, 자국 내 무기 생산력의 한계를 보완하기 위해 북한의 군수 인프라를 활용하기 시작했다. 이른바 '북한의 무기공장화'가 가동된 것이다. 이 전략은 두 방향으로 작동한다. 하나는 북한의 노후 무기 및 포탄을 러시아가 단기 소모용으로 도입하는 것이고, 다른 하나는 러시아가 북한 내에 신형 무기 생산을 위한 설비 투자 및 기술 이전을 진행하는 것이다.

이러한 협력은 북한 경제에 신속한 현금 유입과 고용 창출을 가져왔으며, 동시에 북한 내 러시아 루블의 유통도 증가하게 되었다. 현재 북한 내 외화 시장에서 루블과 위안화는 사실상 복수 기축 통화로 사용되고 있으며, 이는 북한 경제의 일부가 러시아와 중국 중심의 블록 경제로 편입되고 있음을 시사한다. 그 결과 북한은 외부와의 교역 확대를 위한 간접적 개방을 시도하고 있다.

미국 달러에 대한 의존도가 낮은 국가들이 위안화와 루블화 같은 대안 통화에 주목하면서, 통화 질서의 다극화가 진행되고 있다. 이 과정은 단지 환율의 문제가 아니라, 경제 블록 내부에서의 자원 이전, 군수 물자 교환, 금융 시스템 결합 등 구조적 통합을 동반하고 있다. 즉 자원주의에 기반한 신경제 질서가 형성되고 있는 것이다. 위안화는 이제 단순한 중국의 화폐가 아니라, 레드팀 전체를 묶는 공동의 경제 언어로 기능하고 있다.

흥미로운 점은 이러한 경제 블록화가 북한의 경제적 자립과 성장을 초래하면서, 한반도의 통일 논의 구도에 미묘한 변화를 야기할 수 있다는 점이다. 특히 남한의 중소 제조업 기업들이 인건비 상승과 내수 축소로 어려움을 겪는 가운데, 상대적으로 저렴한 노동력을 보유하면서 외국 자본에 부분적으로 개방된 북한은 매력적인 생산지로 부각될 수 있다. 이는 1990년대 후반의 개성공단 모델이 확대되어 남

북한 경제 연계의 가능성을 열 수 있는 계기가 된다.

북한이 일정 수준 이상의 인프라와 기술력을 보유하게 된다면, 경제 연방제와 같은 완만한 형태의 통일 논의가 재개될 가능성도 있다. 이는 단순한 민족주의 담론이 아니라, 실질적인 경제적 이해관계에 기반한 통일 전략으로 평가된다.

러시아는 2022년 우크라이나 전면 침공 이후 3년 이상 장기전에 돌입할 수밖에 없는 상황에 직면했다. 서방의 제재와 무기 지원, 우크라이나의 저항, 국제 사회의 감시 속에서도 러시아는 전쟁 지속을 선택했고, 그 과정에서 북한, 이란, 중국과의 연대는 더욱 공고해졌다.

이는 서방 국가들로 하여금 미국과 유럽을 중심으로 기존의 안보·경제 블록을 강화하게 만들었고, 결과적으로 세계는 다시금 양극화된 신냉전 체제로 재편되고 있다. 레드팀은 경제적 자원을 중심으로 블록을 형성하고, 이를 통해 국제 질서에 대한 대안을 제시하려 하고 있다.

레드팀의 경제 블록화는 단순한 반서방 연합이 아니라, 자원주의적 관점에서 볼 때 매우 전략적이고 체계적인 움직임이다. 위안화-루블화의 동조화는 국제 통화 체제의 분열을 상징하며, 북한의 무기공장화는 군사적 자원의 국제화 현상을 보여준다. 북한의 경제 개방이 가속화된다면, 통일이라는 정치적 이슈조차도 자원과 경제를 중심으로 재해석될 수 있을 것이다. 이는 '전쟁 없는 평화'가 아닌, '자원 중심의 전략적 평화'라는 새로운 개념을 요구하는 시대가 도래했음을 의미한다.

앞서 언급한 신냉전의 관점에서 바라본다면, 대한민국은 현재 블루팀(미국, 유럽, 일본 중심의 서방 국가)의 경제 체제에 편입된 상태이지만, 정치적 외교 전략에 있어서는 보다 정교한 중립 외교를 지향해야 한다. 이는 단지 현실적 균형 외교의 차원을 넘어서, 잠재적 군사 충돌의 무대가 될 수 있는 지정학적 위기 속에서 한반도의 생존 전략이기도 하다. 만일 제3차 세계 대전이 발발한다면, 한반도는 그 전면에 위치할 가능성이 높기 때문이다.

러시아의 우크라이나 침공이 장기화되면서 북한은 군사적으로도, 경제적으로도 점차 재편되고 있다. 러시아의 군사 기술 및 자원 공급은 북한의 무기 생산력을 높이고 있으며, 이에 따라 남한에 대한 위협 수준도 점차 증가하고 있다. 이러한 국면에서 한국은 러시아 및 중국과의 관계를 적절히 조율하며, 정치력을 아시아 대륙 전체로 투사할 수 있는 능동적 중립 국가의 역할을 수행해야 한다. 이는 단순한 비동맹적 자세가 아니라, 전략적 평화를 위한 다변화 외교의 실현이다.

군사적 전략 차원에서도 전통적인 안보 개념을 넘어서 블록 협력 모델이 필요하다. 일본과의 군사 협정은 그 일환으로, 일본이 해군 전력을 중심으로 태평양 방위에 집중하고, 한국은 육군 중심의 전력을 증강시켜 대륙 방어를 맡는 이원화 전략이 유효하다. 양국은 마치 하나의 국가처럼 작동하는 협력 구조를 통해 북한뿐만 아니라, 잠재적인 러시아-중국 연합의 압박에 대비할 수 있어야 한다.

무역 및 경제 외교 측면에서는 호주, 일본과의 FTA 확대가 전략적 자원 확보와 기술 교류에 중요한 역할을 할 것이다. 호주는 우라늄과 희토류 자원이 풍부하여, 한국의 에너지 안보 및 첨단 산업에 결정적인 공급망 역할을 할 수 있다. 일본은 기초 과학과 금융 분야에서 탁월한 경쟁력을 지니고 있으며, 반도체 및 인공지능 산업에서 강점을 가진 한국과 상호 보완적인 관계를 구축할 수 있다.

양국은 과학 기술 협력을 제도화해야 한다. 과학자 및 개발자들이 자유롭게 이동하며 연구 성과를 공유할 수 있도록, 공동 연구소 설립 및 기술 로드맵의 통합이 필요하다. 나아가 양국의 화폐를 통합해 원화-엔화 공동 통화 블록을 만들 경우, 약 인구 2억에 달하는 통합 시장이 형성되어 세계 경제에서 독자적인 제3 블록을 창출할 수 있다.

이는 단지 환율 안정성을 확보하기 위한 방안이 아니라, 달러 중심의 기축 통화 체제와 위안화-루블화 블록이 주도하는 다극 통화 체제에서 아시아 중심의 독립적 경제 축을 형성하는 핵심 전략이 될 것이다. 이처럼 대한민국은 자원과 기술, 통화 정책을 기반으로 블루팀 내부에서 독자적 지위를 확보하고, 자원주의적 평화와 안보를 동시에 추구하는 실질적 중추 국가로 거듭나야 한다.

12. 한국의 포지션

대한민국은 급변하는 국제 질서 속에서 국가의 위상을 높이기 위해 수많은 전략을 모색해 왔다. 특히 대통령제하에서의 리더십은 국가의 방향성과 궤도를 결정짓는 데 결정적 역할을 해왔다.

김대중 대통령은 한국 현대 정치사에서 민주주의의 상징이자, 동시에 국제 감각을 지닌 리더이다. 김대중 대통령은 냉전의 유산을 극복하고자 한반도와 주변국 간의 화해와 협력을 외교 전략의 중심에 두었다. 그중에서도 일본과의 관계 개선은 그의 주요 과제였다.

김대중 대통령은 1998년 오부치 게이조 일본 총리와 '김대중-오부치 공동선언'을 발표하며, 한일 간 과거사를 넘어 미래 지향적 관계로 나아가자는 틀을 마련했다. 특히 그는 일본 대중문화를 단계적으로 개방함으로써, 두 나라 간 문화적 상호 이해를 증진시키고 국민 감정의 완화를 도모했다. 이는 단순한 문화 교류를 넘어서 동아시아 문화 공동체의 초석이 되었다.

또한 김대중 대통령은 국내 산업 구조의 전환을 꾀하며 미래 산업을 육성했다. 그는 정보화 사회의 도래를 예견하고, 초고속 인터넷망 구축, 벤처기업 지원, 반도체 산업 집중 육성 등을 통해 한국 경제의 신성장동력을 창출했다. 인터넷 강국, 반도체 강국이라는 오늘날의 대한민국의 위상은 이 시기의 국가 전략에서 비롯된 것이다.

노무현 대통령은 김대중의 개방 노선을 계승하면서도 더욱 주체적이고 대담한 외교 정책을 펼쳤다. 그는 한국의 외교가 강대국 중심의 수동적 입장에서 벗어나야 한다고 보았다. 한미동맹을 중시하면서도, 유연한 자주외교를 추구한 노무현 대통령은 대일 관계에서도 한국의 자율성을 강조했다.

　문화적으로는 일본 대중문화의 전면적 개방이 이루어졌고, 이는 한국 문화의 역수출로 이어지는 문화 교류의 쌍방향성을 가능하게 했다. 한류의 도래는 단지 산업적 성과가 아니라, 한국인의 정체성과 자신감의 발현이었다.

　경제적으로 가장 눈에 띄는 업적은 바로 한미 자유무역협정(FTA) 체결이다. 이는 단순한 무역협정이 아니었다. 글로벌 규범에 한국 경제를 맞추고, 한국 기업들이 국제 시장에서 경쟁력을 갖추도록 하는 구조 개혁의 일환이었다. 노무현 정부는 이를 통해 제조업 중심의 산업 구조를 고도화하고, 서비스 산업을 육성하며, 국가 경제의 전반적 선진화를 도모했다.

　이재명 대통령의 시대는 포스트팬데믹, 디지털 전환, 기후 위기 등 글로벌 위기가 국가 간 경계를 초월하여 대응을 요구하는 시대다. 이재명 대통령은 이를 타개하기 위한 전략으로 동북아 교류의 재편과 남반구 자원의 연대를 시도하고 있다. 특히 일본과의 미래 지향적 협력, 호주와의 자원-기술 연계는 그의 외교 전략의 핵심이다.

문화 측면에서 그는 일본과의 시민 사회 교류와 지역 문화 연대를 강화할 것이다. 이는 단순한 문화 개방을 넘어, 한일 양국이 시민 차원에서 역사 문제를 성찰하고 미래를 함께 구상하도록 하는 공공외교의 실천이다. 일본의 지방 정부와 한국의 도시 간 자매결연, 청년 문화 교류 프로그램은 양국 간 신뢰를 쌓는 기초가 되고 있다.

경제적 측면에서 이재명 대통령은 탈탄소와 디지털 산업을 주도하는 국가를 목표로 하고 있다. 이를 위해 호주와의 광물 및 수소 에너지 협력, 일본과의 첨단 기술 공동 개발 등을 모색할 수도 있다. 특히 일본의 소재 기술과 한국의 반도체 기술을 연계하는 것은 양국의 상호 보완적 구조를 극대화할 수 있는 미래 전략이다.

김대중 대통령은 민주주의와 정보화를, 노무현 대통령은 자율과 개방을, 이재명 대통령은 실용과 지속 가능성을 강조했다. 그러나 이 세 대통령은 모두 외교를 단지 국가의 생존이 아닌, 문명적 도약의 수단으로 인식했다는 점에서 연결된다.

또한 이들은 대한민국이 더 이상 외세에 휘둘리는 나라

가 아니라, 스스로 미래를 설계하고 주변국과 대등한 위치에서 상호 의존과 협력을 끌어내는 나라가 되어야 한다는 철학을 공유한다. 그 철학의 중심에는 '사람', '문화', '미래'라는 가치가 있다.

대한민국은 더 이상 과거의 외교에 머무를 수 없다. 역사를 기억하되 미래를 향해 나아가야 한다. 김대중의 용기, 노무현의 균형감각, 이재명의 실용성은 시대를 달리하면서도 한국이 지향해야 할 외교와 경제의 표준을 제시해 준다.

13. 러시아와 한국

세계는 빠르게 바뀌고 있다. 에너지와 기술, 물류를 둘러싼 경쟁은 점점 더 치열해지고 있다. 이런 가운데, 우리는 러시아라는 존재를 다시 바라볼 필요가 있다. 분쟁과 제재의 와중에도 러시아와의 협력은 지속되어야 한다. 왜냐하면 우리나라는 러시아로부터 우라늄과 천연가스, 석유 등 산업을 지탱하는 주요 자원을 수입하고 있으며, 반도체 공정에 꼭 필요한 헬륨 역시 러시아를 통해 들여올 수 있기 때문이다.

우리나라의 에너지 수입 구조를 들여다보면, 러시아는 조용하지만 중요한 역할을 하고 있다. 천연가스는 아시아로

흘러들고 있고, 석유와 우라늄도 꾸준히 공급되고 있다. 이 것은 단지 거래 이상의 의미를 지닌다. 국가의 전력망, 산업 생산, 원자력 발전이 중단 없이 돌아가려면 이 흐름이 유지 되어야 하기 때문이다.

헬륨은 반도체, 의료, 우주항공 산업에서 빠질 수 없는 기체다. 특히 초저온 냉각 성질과 비활성 특성 덕분에 반도 체 공정에서는 없어서는 안 될 요소다. 러시아 아무르 GPP 는 세계 최대 수준의 헬륨 생산 능력을 갖춘 시설이다. 이곳 이 정상적으로 가동된다면, 한국은 미국과 카타르에 편중된 헬륨 수입 구조에서 벗어날 수 있다. 이는 산업 경쟁력과도 직결된다.

북극항로는 러시아 북부 해역을 따라가는 해상 루트다. 수에즈 운하를 통하지 않아도 유럽과 아시아를 잇는 항로 로, 물류 시간을 단축할 수 있다. 이 항로는 현재 경제적으 로도 충분히 가능성이 입증되고 있다.

그러나 이 항로는 얼음으로 덮인 바다를 통과해야 하기 에 쇄빙선의 도움이 필요하다. 여기서 러시아의 역할이 다 시 중요해진다. 세계에서 유일하게 원자력 쇄빙선을 대규모로 운용하는 국가가 러시아이기 때문이다. 그리고 북극항로의 중간 항구 도시들 역시 대부분 러시아에 위치해 있다. 이 모든 점에서 한국은 러시아와의 협력을 피할 수 없다. 협력이 없이는 북극항로의 활용 자체가 불가능하다.

블라디보스토크, 사베타, 무르만스크 등 러시아의 항만 도시는 북극항로의 쉼터이자 보급지다. 여기에 러시아의 시베리아횡단철도(TSR)가 연결되어, 유럽과 아시아를 철도로도 이어주는 역할을 한다. 한국이 이 구조에 참여한다면, 물류 비용 절감과 공급망 안정이라는 두 마리 토끼를 잡을 수 있다.

우크라이나 전쟁 이후 서방 국가들의 제재가 강화되었지만, 현실은 제재만으로는 움직이지 않는다. 산업은 살아야 하고, 자원은 필요하다.

러시아와의 협력은 전략적 선택이 아닌, 산업과 국가 경쟁력을 위한 필수 조건이다. 우라늄, 천연가스, 헬륨과 같은 자원을 안정적으로 확보하려면 러시아와의 조율은 지속되어야 하며, 북극항로를 활용하려면 러시아와의 신뢰도 필요하다. 지금 우리에게 필요한 것은 감정이 아닌 계산이고, 외면이 아닌 조율이다. 러시아와의 관계는 조용하지만 분명히 계속되어야 한다.

　북극항로와 관련해서 해양수산부의 부산 이전은 단지 부처 하나가 옮겨 가는 문제가 아니다. 그것은 대한민국 해양전략의 축을 남해안으로 이동시키겠다는 신호이며, 향후 북극항로 시대를 준비하는 전초전이다. 실제로 북극항로는 수에즈 운하를 대체할 수 있는 실질적인 해상 루트로 자리 잡아가고 있으며, 러시아의 쇄빙선과 항구 인프라 없이는 불가능한 길이기도 하다. 이 항로가 본격적으로 활용된다면, 우리나라의 물류 체계는 유라시아를 잇는 초연결 네트워크의 중심에 설 수 있다.

　부산은 다시 살아날 것이다. 해양수산부의 이전이 현실화되고, 북극항로가 실현된다면 부산은 단순한 항구 도시를 넘어, 동북아 해양물류의 허브이자 대한민국 해양전략의 심장부로 부상할 것이다. 그렇게 되면 부울경 메가시티 역시 침체에서 벗어나 다시 뛰기 시작할 것이며, 국토 균형 발전의 상징으로 떠오를 것이다. 지금 우리가 해야 할 일은 명확하다. 북극항로의 가능성을 외면하지 말고, 해양수산부 이전이라는 흐름 위에 국가적 전략을 얹어야 한다.

▍책을 마치며

책을 마치며 몇 가지 통찰을 공유하고자 한다. 이 글은 단순한 결론이 아니라, 향후 우리가 무엇을 준비해야 할지를 짚는 문제의식의 연장선상이다. 에너지, 자원, 지정학이라는 세 개의 키워드는 앞으로의 세계 질서를 이끌어 갈 중심축이 될 것이며, 지금 이 순간에도 그 구도가 바뀌고 있다.

첫 번째 통찰은 우리가 신재생에너지의 비중을 더 이상 미룰 수 없다는 것이다. 지금까지 우리는 석유와 천연가스, 우라늄과 같은 천연자원에 의존해 왔고, 그중 상당 부분을 러시아로부터 수입해 왔다. 하지만 이 구조는 본질적으로 취약하다. 우라늄도 결국은 고갈되는 자원이며, 추산에 따르면 앞으로 100년 이내에 주요 매장지의 채굴 가능성이 현저히 낮아질 수 있다. 그렇다면 우리는 언제까지 원자력에 기대어 살아갈 수 있을까.

에너지 믹스라는 개념은 선택이 아니라 생존 전략이다. 태양광, 풍력, 수소, 해양에너지 등 다양한 방식의 신재생에너지 개발은 더 이상 '친환경'이라는 이상론에 머무를 수 없다. 그것은 안보의 문제이며, 미래 세대를 위한 구조 전환이다. 특히 지금처럼 자원 무기화가 벌어지는 시대에는 더욱 그렇다. 러시아는 우크라이나 전쟁을 통해 자원 공급을 전술화했고, 유럽은 그 충격에서 벗어나기 위해 원전 재건 움직임을 보이고 있다. 우크라이나가 러시아산 에너지를 보완하는 플랫폼이 된다면, 유럽은 러시아 의존에서 다소 벗어나고 러시아의 전략적 입지가 약화되게 될 것이다.

두 번째 통찰은 알루미늄에 대한 것이다. 우리는 흔히 자원이라고 하면 석유, 천연가스, 석탄을 떠올리지만, 미래 기술 사회에 있어 진짜 중요한 자원은 알루미늄과 희토류, 그리고 우라늄과 같은 전략 광물이다. 알루미늄은 가볍고 부식에 강하며, 전기 전도성이 뛰어나기 때문에 전기차, 항공우주, 통신 위성, 반도체 등 거의 모든 미래 산업의 핵심 소재로 활용된다. 그리고 이 알루미늄이 대량으로 매장된 지역이 바로 우크라이나 중부다.

희토류도 마찬가지다. 만약 러시아가 우크라이나의 중

부, 특히 키로보그라드주와 드니프로페트로우스크주를 점령한다면, 그것은 단순한 군사적 점령이 아니라 전략 광물의 선점이다. 그리고 이는 러시아가 미래 기술 패권을 선점하기 위한 포석이 될 수 있다. 자원주의 외교의 본질은 군사적 승리보다 '확보'에 있다. 러시아는 우크라이나 남부를 통해 해양을 확보하고, 중부를 통해 지하자원을 확보하려는 것이다.

세 번째 통찰은 러시아의 휴전선이다. 많은 전문가들이 전쟁의 종결을 논하지만, 러시아에게 있어 '어떻게 이길 것인가'보다 '어디까지 확보할 것인가'가 핵심이다. 필자가 생각하는 시나리오는 이렇다. 러시아는 키로보그라드주에서 오데사주까지 남북으로 가르는 휴전선을 설치하고, 해당 지역에서의 광물 채굴을 금지하는 국제 협정을 맺는 것이다. 이 협정은 러시아가 군사적으로 일방 승리 하지 않더라도 전략적 이익을 보존할 수 있는 방식이다.

만약 이 시나리오가 현실화된다면, 러시아는 자원의 수출국으로서의 위상을 유지할 수 있으며, 자원 외교를 통해 국제적 발언권을 지속할 수 있다. 서방은 이를 통해 전쟁을 중단시킬 수 있고, 우크라이나는 전면 붕괴를 피할 수 있다.

물론 이 협정은 많은 정치적 타협을 요구하겠지만, 가장 현실적인 중재안 중 하나가 될 수 있다. 특히 중립국 혹은 제3세력이 이 중재를 이끌 수 있다면, 러시아와 서방 모두에게 일정한 정치적 '출구 전략'을 제공할 수 있다.

결국, 이 세 가지 통찰이 말해주는 바는 명확하다. 첫째, 한국은 에너지 안보의 방향을 신재생에너지와 가야 하며, 둘째, 미래 산업을 위한 전략 광물의 지정학적 중요성을 간과해선 안 된다. 셋째, 러시아와 서방의 협상 가능성은 여전히 존재하며, 그것은 군사적 해법이 아니라 자원과 영토를 둘러싼 현실적 조정에서 비롯될 것이다.

우리는 지금 전환의 시대에 서 있다. 세계는 에너지와 자원을 중심으로 다시 재편되고 있으며, 이 재편의 중심에는 언제나 '누가 무엇을 확보했는가'라는 질문이 놓여 있다. 이 책이 끝이 아니라, 새로운 논의의 시작점이 되기를 바란다.

당신만이 알게 될
러우 전쟁의
숨겨진 진실

초판 1쇄 발행 2025. 8. 8.

지은이 노현수
펴낸이 김병호
펴낸곳 주식회사 바른북스

편집진행 김재영
디자인 양헌경
마케팅 송송이 박수진 박하연

등록 2019년 4월 3일 제2019-000040호
주소 서울시 성동구 연무장5길 9-16, 301호 (성수동2가, 블루스톤타워)
대표전화 070-7857-9719 | **경영지원** 02-3409-9719 | **팩스** 070-7610-9820

• 바른북스는 여러분의 다양한 아이디어와 원고 투고를 설레는 마음으로 기다리고 있습니다.

이메일 barunbooks21@naver.com | **원고투고** barunbooks21@naver.com
홈페이지 www.barunbooks.com | **공식 블로그** blog.naver.com/barunbooks7
공식 포스트 post.naver.com/barunbooks7 | **페이스북** facebook.com/barunbooks7

ⓒ 노현수, 2025
ISBN 979-11-7263-527-5 93390

• 파본이나 잘못된 책은 구입하신 곳에서 교환해드립니다.
• 이 책은 저작권법에 따라 보호를 받는 저작물이므로 무단전재 및 복제를 금지하며,
  이 책 내용의 전부 및 일부를 이용하려면 반드시 저작권자와 도서출판 바른북스의 서면동의를 받아야 합니다.